Bundeskleingartengesetz
(BKleingG)

mit

Auszügen aus dem BGB zum Pachtrecht und zum Vereinsrecht

Impressum

© GROELSV – Verlag, Hans-Much-Weg 14, 20249 Hamburg, Telefon: 040/ 32030598; - Redaktion GROELSV

Wir sind bemüht, ein ansprechendes Produkt zu gestalten, dass vernünftigen Ansprüchen an das Preis/Leistungsverhältnis gerecht wird. Buchbewertungen, z. B. über den Distributor Amazon sind ausdrücklich erwünscht. Konstruktive Anregungen nutzen wir gerne, um künftige Auflagen zu ergänzen und anzupassen.

1

Inhaltsverzeichnis

Bundeskleingartengesetz (BKleingG)

Ausfertigungsdatum: 28.02.1983

"Bundeskleingartengesetz vom 28. Februar 1983 (BGBl. I S. 210), das zuletzt durch Artikel 11 des Gesetzes vom 19. September 2006 (BGBl. I S. 2146) geändert worden ist"

Stand: Zuletzt geändert durch Art. 11 G v. 19.9.2006 I 2146

Fußnote

Eingangsformel

Der Bundestag hat mit Zustimmung des Bundesrates das folgende Gesetz beschlossen:

Erster Abschnitt
Allgemeine Vorschriften

-

§ 1 Begriffsbestimmungen

(1) Ein Kleingarten ist ein Garten, der

1.
dem Nutzer (Kleingärtner) zur nichterwerbsmäßigen gärtnerischen Nutzung, insbesondere zur Gewinnung von Gartenbauerzeugnissen für den Eigenbedarf, und zur Erholung dient (kleingärtnerische Nutzung) und

2.

in einer Anlage liegt, in der mehrere Einzelgärten mit gemeinschaftlichen Einrichtungen, zum Beispiel Wegen, Spielflächen und Vereinshäusern, zusammengefaßt sind (Kleingartenanlage).

(2) Kein Kleingarten ist

1.

ein Garten, der zwar die Voraussetzungen des Absatzes 1 erfüllt, aber vom Eigentümer oder einem seiner Haushaltsangehörigen im Sinne des § 18 des Wohnraumförderungsgesetzes genutzt wird (Eigentümergarten);

2.

ein Garten, der einem zur Nutzung einer Wohnung Berechtigten im Zusammenhang mit der Wohnung überlassen ist (Wohnungsgarten);

3.

ein Garten, der einem Arbeitnehmer im Zusammenhang mit dem Arbeitsvertrag überlassen ist (Arbeitnehmergarten);

4.

ein Grundstück, auf dem vertraglich nur bestimmte Gartenbauerzeugnisse angebaut werden dürfen;

5.

ein Grundstück, das vertraglich nur mit einjährigen Pflanzen bestellt werden darf (Grabeland).

(3) Ein Dauerkleingarten ist ein Kleingarten auf einer Fläche, die im Bebauungsplan für Dauerkleingärten festgesetzt ist.

-

§ 2 Kleingärtnerische Gemeinnützigkeit

Eine Kleingärtnerorganisation wird von der zuständigen Landesbehörde als gemeinnützig anerkannt, wenn sie im Vereinsregister eingetragen ist, sich der regelmäßigen Prüfung der Geschäftsführung unterwirft und wenn die Satzung bestimmt, daß

1.

die Organisation ausschließlich oder überwiegend die Förderung des Kleingartenwesens sowie die fachliche Betreuung ihrer Mitglieder bezweckt,

2.

erzielte Einnahmen kleingärtnerischen Zwecken zugeführt werden und

3.

bei der Auflösung der Organisation deren Vermögen für kleingärtnerische Zwecke verwendet wird.

-

§ 3 Kleingarten und Gartenlaube

(1) Ein Kleingarten soll nicht größer als 400 Quadratmeter sein. Die Belange des Umweltschutzes, des Naturschutzes und der Landschaftspflege sollen bei der Nutzung und Bewirtschaftung des Kleingartens berücksichtigt werden.

(2) Im Kleingarten ist eine Laube in einfacher Ausführung mit höchstens 24 Quadratmetern Grundfläche einschließlich überdachtem Freisitz zulässig; die §§ 29 bis 36 des Baugesetzbuchs bleiben unberührt. Sie darf nach ihrer Beschaffenheit, insbesondere nach ihrer Ausstattung und Einrichtung, nicht zum dauernden Wohnen geeignet sein.

(3) Die Absätze 1 und 2 gelten entsprechend für Eigentümergärten.

Zweiter Abschnitt
Kleingartenpachtverhältnisse

-

§ 4 Kleingartenpachtverträge

(1) Für Kleingartenpachtverträge gelten die Vorschriften des Bürgerlichen Gesetzbuchs über den Pachtvertrag, soweit sich aus diesem Gesetz nichts anderes ergibt.

(2) Die Vorschriften über Kleingartenpachtverträge gelten, soweit nichts anderes bestimmt ist, auch für Pachtverträge über Grundstücke zu dem Zweck, die Grundstücke aufgrund einzelner Kleingartenpachtverträge weiterzuverpachten (Zwischenpachtverträge). Ein Zwischenpachtvertrag, der nicht mit einer als gemeinnützig anerkannten Kleingärtnerorganisation oder der Gemeinde geschlossen wird, ist nichtig. Nichtig ist auch ein Vertrag zur Übertragung der Verwaltung einer Kleingartenanlage, der nicht mit

einer in Satz 2 bezeichneten Kleingärtnerorganisation geschlossen wird.

(3) Wenn öffentliche Interessen dies erfordern, insbesondere wenn die ordnungsgemäße Bewirtschaftung oder Nutzung der Kleingärten oder der Kleingartenanlage nicht mehr gewährleistet ist, hat der Verpächter die Verwaltung der Kleingartenanlage einer in Absatz 2 Satz 2 bezeichneten Kleingärtnerorganisation zu übertragen.

-

§ 5 Pacht

(1) Als Pacht darf höchstens der vierfache Betrag der ortsüblichen Pacht im erwerbsmäßigen Obst- und Gemüseanbau, bezogen auf die Gesamtfläche der Kleingartenanlage verlangt werden. Die auf die gemeinschaftlichen Einrichtungen entfallenden Flächen werden bei der Ermittlung der Pacht für den einzelnen Kleingarten anteilig berücksichtigt. Liegen ortsübliche Pachtbeträge im erwerbsmäßigen Obst- und Gemüseanbau nicht vor, so ist die entsprechende Pacht in einer vergleichbaren Gemeinde als Bemessungsgrundlage zugrunde zu legen. Ortsüblich im erwerbsmäßigen Obst- und Gemüseanbau ist die in der Gemeinde durchschnittlich gezahlte Pacht.

(2) Auf Antrag einer Vertragspartei hat der nach § 192 des Baugesetzbuchs eingerichtete Gutachterausschuß ein Gutachten über die ortsübliche Pacht im erwerbsmäßigen Obst- und Gemüseanbau zu erstatten. Die für die Anzeige von Landpachtverträgen zuständigen Behörden haben auf Verlangen des Gutachterausschusses Auskünfte über die ortsübliche Pacht im erwerbsmäßigen Obst- und Gemüseanbau zu erteilen. Liegen anonymisierbare Daten im Sinne des Bundesdatenschutzgesetzes nicht vor, ist ergänzend die Pacht im erwerbsmäßigen Obst- und Gemüseanbau in einer vergleichbaren Gemeinde als Bemessungsgrundlage heranzuziehen.

(3) Ist die vereinbarte Pacht niedriger oder höher als die sich nach den Absätzen 1 und 2 ergebende Höchstpacht, kann die jeweilige Vertragspartei der anderen Vertragspartei in Textform erklären, dass die Pacht bis zur Höhe der Höchstpacht herauf- oder herabgesetzt wird. Aufgrund der Erklärung ist vom ersten Tage des auf die Erklärung folgenden Zahlungszeitraums an die höhere oder niedrigere Pacht zu zahlen. Die Vertragsparteien können die Anpassung frühestens nach Ablauf von drei Jahren nach Vertragsschluss oder der vorhergehenden

6

Anpassung verlangen. Im Falle einer Erklärung des Verpächters über eine Pachterhöhung ist der Pächter berechtigt, das Pachtverhältnis spätestens am 15. Werktag des Zahlungszeitraums, von dem an die Pacht erhoben werden soll, für den Ablauf des nächsten Kalendermonats zu kündigen. Kündigt der Pächter, tritt eine Erhöhung der Pacht nicht ein.

(4) Der Verpächter kann für von ihm geleistete Aufwendungen für die Kleingartenanlage, insbesondere für Bodenverbesserungen, Wege, Einfriedungen und Parkplätze, vom Pächter Erstattung verlangen, soweit die Aufwendungen nicht durch Leistungen der Kleingärtner oder ihrer Organisationen oder durch Zuschüsse aus öffentlichen Haushalten gedeckt worden sind und soweit sie im Rahmen der kleingärtnerischen Nutzung üblich sind. Die Erstattungspflicht eines Kleingärtners ist auf den Teil der ersatzfähigen Aufwendungen beschränkt, der dem Flächenverhältnis zwischen seinem Kleingarten und der Kleingartenanlage entspricht; die auf die gemeinschaftlichen Einrichtungen entfallenden Flächen werden der Kleingartenfläche anteilig zugerechnet. Der Pächter ist berechtigt, den Erstattungsbetrag in Teilleistungen in Höhe der Pacht zugleich mit der Pacht zu zahlen.

(5) Der Verpächter kann vom Pächter Erstattung der öffentlich-rechtlichen Lasten verlangen, die auf dem Kleingartengrundstück ruhen. Absatz 4 Satz 2 ist entsprechend anzuwenden. Der Pächter ist berechtigt, den Erstattungsbetrag einer einmalig erhobenen Abgabe in Teilleistungen, höchstens in fünf Jahresleistungen, zu entrichten.

-

§ 6 Vertragsdauer

Kleingartenpachtverträge über Dauerkleingärten können nur auf unbestimmte Zeit geschlossen werden; befristete Verträge gelten als auf unbestimmte Zeit geschlossen.

-

§ 7 Schriftform der Kündigung

Die Kündigung des Kleingartenpachtvertrages bedarf der schriftlichen Form.

-

§ 8 Kündigung ohne Einhaltung einer Kündigungsfrist

Der Verpächter kann den Kleingartenpachtvertrag ohne Einhaltung einer Kündigungsfrist kündigen, wenn

1.

der Pächter mit der Entrichtung der Pacht für mindestens ein Vierteljahr in Verzug ist und nicht innerhalb von zwei Monaten nach Mahnung in Textform die fällige Pachtforderung erfüllt oder

2.

der Pächter oder von ihm auf dem Kleingartengrundstück geduldete Personen so schwerwiegende Pflichtverletzungen begehen, insbesondere den Frieden in der Kleingärtnergemeinschaft so nachhaltig stören, daß dem Verpächter die Fortsetzung des Vertragsverhältnisses nicht zugemutet werden kann.

-

§ 9 Ordentliche Kündigung

(1) Der Verpächter kann den Kleingartenpachtvertrag kündigen, wenn

1.

der Pächter ungeachtet einer in Textform abgegebenen Abmahnung des Verpächters eine nicht kleingärtnerische Nutzung fortsetzt oder andere Verpflichtungen, die die Nutzung des Kleingartens betreffen, nicht unerheblich verletzt, insbesondere die Laube zum dauernden Wohnen benutzt, das Grundstück unbefugt einem Dritten überläßt, erhebliche Bewirtschaftungsmängel nicht innerhalb einer angemessenen Frist abstellt oder geldliche oder sonstige Gemeinschaftsleistungen für die Kleingartenanlage verweigert;

2.

die Beendigung des Pachtverhältnisses erforderlich ist, um die Kleingartenanlage neu zu ordnen, insbesondere um Kleingärten auf die im § 3 Abs. 1 vorgesehene Größe zu beschränken, die Wege zu verbessern oder Spiel- oder Parkplätze zu errichten;

3.

der Eigentümer selbst oder einer seiner Haushaltsangehörigen im Sinne des § 18 des Wohnraumförderungsgesetzes einen Garten kleingärtnerisch nutzen will und ihm anderes geeignetes Gartenland nicht zur Verfügung steht; der Garten ist unter Berücksichtigung der Belange der Kleingärtner auszuwählen;

4.

planungsrechtlich eine andere als die kleingärtnerische Nutzung zulässig ist und der Eigentümer durch die Fortsetzung des Pachtverhältnisses an einer anderen wirtschaftlichen Verwertung gehindert ist und dadurch erhebliche Nachteile erleiden würde;

5.

die als Kleingarten genutzte Grundstücksfläche alsbald der im Bebauungsplan festgesetzten anderen Nutzung zugeführt oder alsbald für diese Nutzung vorbereitet werden soll; die Kündigung ist auch vor Rechtsverbindlichkeit des Bebauungsplans zulässig, wenn die Gemeinde seine Aufstellung, Änderung oder Ergänzung beschlossen hat, nach dem Stand der Planungsarbeiten anzunehmen ist, daß die beabsichtigte andere Nutzung festgesetzt wird, und dringende Gründe des öffentlichen Interesses die Vorbereitung oder die Verwirklichung der anderen Nutzung vor Rechtsverbindlichkeit des Bebauungsplans erfordern, oder

6.

die als Kleingartenanlage genutzte Grundstücksfläche
a)
nach abgeschlossener Planfeststellung für die festgesetzte Nutzung oder
b)
für die in § 1 Abs. 1 des Landbeschaffungsgesetzes in der im Bundesgesetzblatt Teil III, Gliederungsnummer 54-3, veröffentlichten bereinigten Fassung, das zuletzt durch § 33 des Gesetzes vom 20. Dezember 1976 (BGBl. I S. 3574) geändert worden ist, genannten Zwecke
alsbald benötigt wird.

(2) Die Kündigung ist nur für den 30. November eines Jahres zulässig; sie hat spätestens zu erfolgen

1.

in den Fällen des Absatzes 1 Nr. 1 am dritten Werktag im August,

2.

in den Fällen des Absatzes 1 Nr. 2 bis 6 am dritten Werktag im

9

Februar
dieses Jahres. Wenn dringende Gründe die vorzeitige
Inanspruchnahme der kleingärtnerisch genutzten Fläche erfordern, ist
eine Kündigung in den Fällen des Absatzes 1 Nr. 5 und 6 spätestens
am dritten Werktag eines Kalendermonats für den Ablauf des nächsten
Monats zulässig.
(3) Ist der Kleingartenpachtvertrag auf bestimmte Zeit eingegangen, ist
die Kündigung nach Absatz 1 Nr. 3 oder 4 unzulässig.
-

§ 10 Kündigung von Zwischenpachtverträgen

(1) Der Verpächter kann einen Zwischenpachtvertrag auch kündigen,
wenn

1.
   der Zwischenpächter Pflichtverletzungen im Sinne des § 8 Nr. 2
   oder des § 9 Abs. 1 Nr. 1 ungeachtet einer Abmahnung des
   Verpächters duldet oder
2.
   dem Zwischenpächter die kleingärtnerische Gemeinnützigkeit
   aberkannt ist.

(2) Durch eine Kündigung nach § 9 Abs. 1 Nr. 3 bis 6, die nur Teile der
Kleingartenanlage betrifft, wird der Zwischenpachtvertrag auf die
übrigen Teile der Kleingartenanlage beschränkt.
(3) Wird ein Zwischenpachtvertrag durch eine Kündigung des
Verpächters beendet, tritt der Verpächter in die Verträge des
Zwischenpächters mit den Kleingärtnern ein.
-

§ 11 Kündigungsentschädigung

(1) Wird ein Kleingartenpachtvertrag nach § 9 Abs. 1 Nr. 2 bis 6
gekündigt, hat der Pächter einen Anspruch auf angemessene
Entschädigung für die von ihm eingebrachten oder gegen Entgelt
übernommenen Anpflanzungen und Anlagen, soweit diese im Rahmen
der kleingärtnerischen Nutzung üblich sind. Soweit Regeln für die
Bewertung von Anpflanzungen und Anlagen von den Ländern
aufgestellt oder von einer Kleingärtnerorganisation beschlossen und

durch die zuständige Behörde genehmigt worden sind, sind diese bei der Bemessung der Höhe der Entschädigung zugrunde zu legen. Bei einer Kündigung nach § 9 Abs. 1 Nr. 5 oder 6 sind darüber hinaus die für die Enteignungsentschädigung geltenden Grundsätze zu beachten.
(2) Zur Entschädigung ist der Verpächter verpflichtet, wenn der Vertrag nach § 9 Abs. 1 Nr. 2 bis 4 gekündigt worden ist. Bei einer Kündigung nach § 9 Abs. 1 Nr. 5 oder 6 ist derjenige zur Entschädigung verpflichtet, der die als Kleingarten genutzte Fläche in Anspruch nimmt.
(3) Der Anspruch ist fällig, sobald das Pachtverhältnis beendet und der Kleingarten geräumt ist.

-

§ 12 Beendigung des Kleingartenpachtvertrages bei Tod des Kleingärtners

(1) Stirbt der Kleingärtner, endet der Kleingartenpachtvertrag mit dem Ablauf des Kalendermonats, der auf den Tod des Kleingärtners folgt.
(2) Ein Kleingartenpachtvertrag, den Eheleute oder Lebenspartner gemeinschaftlich geschlossen haben, wird beim Tode eines Ehegatten oder Lebenspartners mit dem überlebenden Ehegatten oder Lebenspartner fortgesetzt. Erklärt der überlebende Ehegatte oder Lebenspartner binnen eines Monats nach dem Todesfall in Textform gegenüber dem Verpächter, dass er den Kleingartenpachtvertrag nicht fortsetzen will, gilt Absatz 1 entsprechend.
(3) Im Falle des Absatzes 2 Satz 1 ist § 563b Abs. 1 und 2 über die Haftung und über die Anrechnung der gezahlten Miete entsprechend anzuwenden.

Fußnote

Kursivdruck: Muss richtig "§ 563b Abs. 1 und 2 des Bürgerlichen Gesetzbuchs" lauten

-

§ 13 Abweichende Vereinbarungen

Vereinbarungen, durch die zum Nachteil des Pächters von den Vorschriften dieses Abschnitts abgewichen wird, sind nichtig.

Dritter Abschnitt

Dauerkleingärten

-

§ 14 Bereitstellung und Beschaffung von Ersatzland

(1) Wird ein Kleingartenpachtvertrag über einen Dauerkleingarten nach § 9 Abs. 1 Nr. 5 oder 6 gekündigt, hat die Gemeinde geeignetes Ersatzland bereitzustellen oder zu beschaffen, es sei denn, sie ist zur Erfüllung der Verpflichtung außerstande.

(2) Hat die Gemeinde Ersatzland bereitgestellt oder beschafft, hat der Bedarfsträger an die Gemeinde einen Ausgleichsbetrag zu leisten, der dem Wertunterschied zwischen der in Anspruch genommenen kleingärtnerisch genutzten Fläche und dem Ersatzland entspricht.

(3) Das Ersatzland soll im Zeitpunkt der Räumung des Dauerkleingartens für die kleingärtnerische Nutzung zur Verfügung stehen.

-

§ 15 Begründung von Kleingartenpachtverträgen durch Enteignung

(1) An Flächen, die in einem Bebauungsplan für Dauerkleingärten festgesetzt sind, können durch Enteignung Kleingartenpachtverträge zugunsten Pachtwilliger begründet werden.

(2) Die Enteignung setzt voraus, daß

1.

das Wohl der Allgemeinheit sie erfordert,

2.

der Enteignungszweck auf andere zumutbare Weise nicht erreicht werden kann und

3.

dem Eigentümer ein angemessenes Angebot zur Begründung der Kleingartenpachtverträge gemacht worden ist; das Angebot ist in Bezug auf die Pacht als angemessen anzusehen, wenn sie der Pacht nach § 5 entspricht.

(3) Die als Entschädigung festzusetzende Pacht bemisst sich nach § 5.

(4) Im übrigen gilt das Landesenteignungsrecht.

Vierter Abschnitt

Überleitungs- und Schlußvorschriften

§ 16 Überleitungsvorschriften für bestehende Kleingärten

(1) Kleingartenpachtverhältnisse, die im Zeitpunkt des Inkrafttretens dieses Gesetzes bestehen, richten sich von diesem Zeitpunkt an nach dem neuen Recht.

(2) Vor Inkrafttreten dieses Gesetzes geschlossene Pachtverträge über Kleingärten, die bei Inkrafttreten dieses Gesetzes keine Dauerkleingärten sind, sind wie Verträge über Dauerkleingärten zu behandeln, wenn die Gemeinde Eigentümerin der Grundstücke ist.

(3) Stehen bei Verträgen der in Absatz 2 bezeichneten Art die Grundstücke nicht im Eigentum der Gemeinde, enden die Pachtverhältnisse mit Ablauf des 31. März 1987, wenn der Vertrag befristet und die vereinbarte Pachtzeit bis zu diesem Zeitpunkt abgelaufen ist; im übrigen verbleibt es bei der vereinbarten Pachtzeit.

(4) Ist die Kleingartenanlage vor Ablauf der in Absatz 3 bestimmten Pachtzeit im Bebauungsplan als Fläche für Dauerkleingärten festgesetzt worden, gilt der Vertrag als auf unbestimmte Zeit verlängert. Hat die Gemeinde vor Ablauf des 31. März 1987 beschlossen, einen Bebauungsplan aufzustellen mit dem Ziel, die Fläche für Dauerkleingärten festzusetzen, und den Beschluß nach § 2 Abs. 1 Satz 2 des Baugesetzbuchs bekanntgemacht, verlängert sich der Vertrag vom Zeitpunkt der Bekanntmachung an um vier Jahre; der vom Zeitpunkt der vereinbarten Beendigung der Pachtzeit bis zum 31. März 1987 abgelaufene Zeitraum ist hierbei anzurechnen. Vom Zeitpunkt der Rechtsverbindlichkeit des Bebauungsplans an sind die Vorschriften über Dauerkleingärten anzuwenden.

Fußnote

§ 16 Abs. 3: Nach Maßgabe der Gründe mit GG vereinbar gem. BVerfGE v. 23.9.1992; 1993 I 42 - 1 BvL 15/85 u.a. -
§ 16 Abs. 4 Satz 1: Mit GG vereinbar gem. BVerfGE v. 23.9.1992; 1993 I 42 - 1 BvL 15/85 u.a. -

§ 17 Überleitungsvorschrift für die kleingärtnerische Gemeinnützigkeit

Anerkennungen der kleingärtnerischen Gemeinnützigkeit, die vor Inkrafttreten dieses Gesetzes ausgesprochen worden sind, bleiben unberührt.

-

§ 18 Überleitungsvorschriften für Lauben

(1) Vor Inkrafttreten dieses Gesetzes rechtmäßig errichtete Lauben, die die in § 3 Abs. 2 vorgesehene Größe überschreiten, können unverändert genutzt werden.
(2) Eine bei Inkrafttreten dieses Gesetzes bestehende Befugnis des Kleingärtners, seine Laube zu Wohnzwecken zu nutzen, bleibt unberührt, soweit andere Vorschriften der Wohnnutzung nicht entgegenstehen. Für die Nutzung der Laube kann der Verpächter zusätzlich ein angemessenes Entgelt verlangen.

-

§ 19 Stadtstaatenklausel

Die Freie und Hansestadt Hamburg gilt für die Anwendung des Gesetzes auch als Gemeinde.

-

§ 20 Aufhebung von Vorschriften

(1) Mit Inkrafttreten dieses Gesetzes treten außer Kraft:
1. - 9.
10.
    Hamburg: Verordnung über Pachtpreise für Kleingärten vom 28. März 1961 (Hamburgisches Gesetz- und Verordnungsbl. S. 115), geändert durch die Verordnung zur Änderung der Verordnung über Pachtpreise für Kleingärten vom 18. Februar 1969 (Hamburgisches Gesetz- und Verordnungsbl. S. 22);
11. - 13.
(2) Mit Inkrafttreten dieses Gesetzes erlöschen beschränkte persönliche Dienstbarkeiten, die aufgrund von § 5 Abs. 1 Satz 5 des nach Absatz 1 Nr. 12 außer Kraft tretenden Kleingartengesetzes von

Schleswig-Holstein im Grundbuch eingetragen worden sind. Für die Berichtigung des Grundbuchs werden Kosten nicht erhoben.

-

§ 20a Überleitungsregelungen aus Anlaß der Herstellung der Einheit Deutschlands

In dem in Artikel 3 des Einigungsvertrages genannten Gebiet ist dieses Gesetz mit folgenden Maßgaben anzuwenden:

1.
Kleingartennutzungsverhältnisse, die vor dem Wirksamwerden des Beitritts begründet worden und nicht beendet sind, richten sich von diesem Zeitpunkt an nach diesem Gesetz.

2.
Vor dem Wirksamwerden des Beitritts geschlossene Nutzungsverträge über Kleingärten sind wie Kleingartenpachtverträge über Dauerkleingärten zu behandeln, wenn die Gemeinde bei Wirksamwerden des Beitritts Eigentümerin der Grundstücke ist oder nach diesem Zeitpunkt das Eigentum an diesen Grundstücken erwirbt.

3.
Bei Nutzungsverträgen über Kleingärten, die nicht im Eigentum der Gemeinde stehen, verbleibt es bei der vereinbarten Nutzungsdauer. Sind die Kleingärten im Bebauungsplan als Flächen für Dauerkleingärten festgesetzt worden, gilt der Vertrag als auf unbestimmte Zeit verlängert. Hat die Gemeinde vor Ablauf der vereinbarten Nutzungsdauer beschlossen, einen Bebauungsplan aufzustellen mit dem Ziel, die Fläche für Dauerkleingärten festzusetzen, und den Beschluß nach § 2 Abs. 1 Satz 2 des Baugesetzbuchs bekannt gemacht, verlängert sich der Vertrag vom Zeitpunkt der Bekanntmachung an um sechs Jahre. Vom Zeitpunkt der Rechtsverbindlichkeit des Bebauungsplans an sind die Vorschriften über Dauerkleingärten anzuwenden. Unter den in § 8 Abs. 4 Satz 1 des Baugesetzbuchs genannten Voraussetzungen kann ein vorzeitiger Bebauungsplan aufgestellt werden.

4.
Die vor dem Wirksamwerden des Beitritts

Kleingärtnerorganisationen verliehene Befugnis, Grundstücke zum Zwecke der Vergabe an Kleingärtner anzupachten, kann unter den für die Aberkennung der kleingärtnerischen Gemeinnützigkeit geltenden Voraussetzungen entzogen werden. Das Verfahren der Anerkennung und des Entzugs der kleingärtnerischen Gemeinnützigkeit regeln die Länder.

5.

Anerkennungen der kleingärtnerischen Gemeinnützigkeit, die vor dem Wirksamwerden des Beitritts ausgesprochen worden sind, bleiben unberührt.

6.

Die bei Inkrafttreten des Gesetzes zur Änderung des Bundeskleingartengesetzes zu leistende Pacht kann bis zur Höhe der nach § 5 Abs. 1 zulässigen Höchstpacht in folgenden Schritten erhöht werden:

1.

ab 1. Mai 1994 auf das Doppelte,

2.

ab 1. Januar 1996 auf das Dreifache,

3.

ab 1. Januar 1998 auf das Vierfache
der ortsüblichen Pacht im erwerbsmäßigen Obst- und Gemüseanbau. Liegt eine ortsübliche Pacht im erwerbsmäßigen Obst- und Gemüseanbau nicht vor, ist die entsprechende Pacht in einer vergleichbaren Gemeinde als Bemessungsgrundlage zugrunde zu legen. Bis zum 1. Januar 1998 geltend gemachte Erstattungsbeträge gemäß § 5 Abs. 5 Satz 3 können vom Pächter in Teilleistungen, höchstens in acht Jahresleistungen, entrichtet werden.

7.

Vor dem Wirksamwerden des Beitritts rechtmäßig errichtete Gartenlauben, die die in § 3 Abs. 2 vorgesehene Größe überschreiten, oder andere der kleingärtnerischen Nutzung dienende bauliche Anlagen können unverändert genutzt werden. Die Kleintierhaltung in Kleingartenanlagen bleibt unberührt, soweit sie die Kleingärtnergemeinschaft nicht wesentlich stört und der kleingärtnerischen Nutzung nicht widerspricht.

8.

Eine vor dem Wirksamwerden des Beitritts bestehende Befugnis des Kleingärtners, seine Laube dauernd zu Wohnzwecken zu nutzen, bleibt unberührt, soweit andere Vorschriften der Wohnnutzung nicht entgegenstehen. Für die dauernde Nutzung der Laube kann der Verpächter zusätzlich ein angemessenes Entgelt verlangen.

-

§ 20b Sonderregelungen für Zwischenpachtverhältnisse im Beitrittsgebiet

Auf Zwischenpachtverträge über Grundstücke in dem in Artikel 3 des Einigungsvertrages genannten Gebiet, die innerhalb von Kleingartenanlagen genutzt werden, sind die §§ 8 bis 10 und § 19 des Schuldrechtsanpassungsgesetzes entsprechend anzuwenden.

-

§ 21 (weggefallen)

-

-

§ 22 Inkrafttreten

Dieses Gesetz tritt am 1. April 1983 in Kraft.

Bürgerliches Gesetzbuch (BGB)

Landpachtvertrag

§ 585 Begriff des Landpachtvertrags

(1) Durch den Landpachtvertrag wird ein Grundstück mit den seiner Bewirtschaftung dienenden Wohn- oder Wirtschaftsgebäuden (Betrieb) oder ein Grundstück ohne solche Gebäude überwiegend zur Landwirtschaft verpachtet. Landwirtschaft sind die Bodenbewirtschaftung und die mit der Bodennutzung verbundene Tierhaltung, um pflanzliche oder tierische Erzeugnisse zu gewinnen, sowie die gartenbauliche Erzeugung.
(2) Für Landpachtverträge gelten § 581 Abs. 1 und die §§ 582 bis 583a sowie die nachfolgenden besonderen Vorschriften.
(3) Die Vorschriften über Landpachtverträge gelten auch für Pachtverhältnisse über forstwirtschaftliche Grundstücke, wenn die Grundstücke zur Nutzung in einem überwiegend landwirtschaftlichen Betrieb verpachtet werden.

§ 585a Form des Landpachtvertrags

Wird der Landpachtvertrag für längere Zeit als zwei Jahre nicht in schriftlicher Form geschlossen, so gilt er für unbestimmte Zeit.

§ 585b Beschreibung der Pachtsache

(1) Der Verpächter und der Pächter sollen bei Beginn des Pachtverhältnisses gemeinsam eine Beschreibung der Pachtsache anfertigen, in der ihr Umfang sowie der Zustand, in dem sie sich bei der Überlassung befindet, festgestellt werden. Dies gilt für die Beendigung des Pachtverhältnisses entsprechend. Die Beschreibung soll mit der Angabe des Tages der Anfertigung versehen werden und ist von beiden Teilen zu unterschreiben.
(2) Weigert sich ein Vertragsteil, bei der Anfertigung einer Beschreibung mitzuwirken, oder ergeben sich bei der Anfertigung Meinungsverschiedenheiten tatsächlicher Art, so kann jeder Vertragsteil verlangen, dass eine Beschreibung durch einen Sachverständigen angefertigt wird, es sei denn, dass seit der Überlassung der Pachtsache mehr als neun Monate oder seit der Beendigung des Pachtverhältnisses mehr als drei Monate verstrichen sind; der Sachverständige wird auf Antrag durch das Landwirtschaftsgericht ernannt. Die insoweit entstehenden Kosten trägt jeder Vertragsteil zur Hälfte.
(3) Ist eine Beschreibung der genannten Art angefertigt, so wird im Verhältnis der Vertragsteile zueinander vermutet, dass sie richtig ist.
-

§ 586 Vertragstypische Pflichten beim Landpachtvertrag

(1) Der Verpächter hat die Pachtsache dem Pächter in einem zu der vertragsmäßigen Nutzung geeigneten Zustand zu überlassen und sie während der Pachtzeit in diesem Zustand zu erhalten. Der Pächter hat jedoch die gewöhnlichen Ausbesserungen der Pachtsache, insbesondere die der Wohn- und Wirtschaftsgebäude, der Wege, Gräben, Dränungen und Einfriedigungen, auf seine Kosten durchzuführen. Er ist zur ordnungsmäßigen Bewirtschaftung der Pachtsache verpflichtet.
(2) Für die Haftung des Verpächters für Sach- und Rechtsmängel der Pachtsache sowie für die Rechte und Pflichten des Pächters wegen solcher Mängel gelten die Vorschriften des § 536 Abs. 1 bis 3 und der §§ 536a bis 536d entsprechend.
-

§ 586a Lasten der Pachtsache

Der Verpächter hat die auf der Pachtsache ruhenden Lasten zu tragen.
-

§ 587 Fälligkeit der Pacht; Entrichtung der Pacht bei persönlicher Verhinderung des Pächters

(1) Die Pacht ist am Ende der Pachtzeit zu entrichten. Ist die Pacht nach Zeitabschnitten bemessen, so ist sie am ersten Werktag nach dem Ablauf der einzelnen Zeitabschnitte zu entrichten.
(2) Der Pächter wird von der Entrichtung der Pacht nicht dadurch befreit, dass er durch einen in seiner Person liegenden Grund an der Ausübung des ihm zustehenden Nutzungsrechts verhindert ist. § 537 Abs. 1 Satz 2 und Abs. 2 gilt entsprechend.
-

§ 588 Maßnahmen zur Erhaltung oder Verbesserung

(1) Der Pächter hat Einwirkungen auf die Pachtsache zu dulden, die zu ihrer Erhaltung erforderlich sind.
(2) Maßnahmen zur Verbesserung der Pachtsache hat der Pächter zu dulden, es sei denn, dass die Maßnahme für ihn eine Härte bedeuten würde, die auch unter Würdigung der berechtigten Interessen des Verpächters nicht zu rechtfertigen ist. Der Verpächter hat die dem Pächter durch die Maßnahme entstandenen Aufwendungen und entgangenen Erträge in einem den Umständen nach angemessenen Umfang zu ersetzen. Auf Verlangen hat der Verpächter Vorschuss zu leisten.
(3) Soweit der Pächter infolge von Maßnahmen nach Absatz 2 Satz 1 höhere Erträge erzielt oder bei ordnungsmäßiger Bewirtschaftung erzielen könnte, kann der Verpächter verlangen, dass der Pächter in eine angemessene Erhöhung der Pacht einwilligt, es sei denn, dass dem Pächter eine Erhöhung der Pacht nach den Verhältnissen des Betriebs nicht zugemutet werden kann.
(4) Über Streitigkeiten nach den Absätzen 1 und 2 entscheidet auf Antrag das Landwirtschaftsgericht. Verweigert der Pächter in den Fällen des Absatzes 3 seine Einwilligung, so kann sie das Landwirtschaftsgericht auf Antrag des Verpächters ersetzen.

§ 589 Nutzungsüberlassung an Dritte

(1) Der Pächter ist ohne Erlaubnis des Verpächters nicht berechtigt,

1.
    die Nutzung der Pachtsache einem Dritten zu überlassen, insbesondere die Sache weiter zu verpachten,

2.
    die Pachtsache ganz oder teilweise einem landwirtschaftlichen Zusammenschluss zum Zwecke der gemeinsamen Nutzung zu überlassen.

(2) Überlässt der Pächter die Nutzung der Pachtsache einem Dritten, so hat er ein Verschulden, das dem Dritten bei der Nutzung zur Last fällt, zu vertreten, auch wenn der Verpächter die Erlaubnis zur Überlassung erteilt hat.

§ 590 Änderung der landwirtschaftlichen Bestimmung oder der bisherigen Nutzung

(1) Der Pächter darf die landwirtschaftliche Bestimmung der Pachtsache nur mit vorheriger Erlaubnis des Verpächters ändern.
(2) Zur Änderung der bisherigen Nutzung der Pachtsache ist die vorherige Erlaubnis des Verpächters nur dann erforderlich, wenn durch die Änderung die Art der Nutzung über die Pachtzeit hinaus beeinflusst wird. Der Pächter darf Gebäude nur mit vorheriger Erlaubnis des Verpächters errichten. Verweigert der Verpächter die Erlaubnis, so kann sie auf Antrag des Pächters durch das Landwirtschaftsgericht ersetzt werden, soweit die Änderung zur Erhaltung oder nachhaltigen Verbesserung der Rentabilität des Betriebs geeignet erscheint und dem Verpächter bei Berücksichtigung seiner berechtigten Interessen zugemutet werden kann. Dies gilt nicht, wenn der Pachtvertrag gekündigt ist oder das Pachtverhältnis in weniger als drei Jahren endet. Das Landwirtschaftsgericht kann die Erlaubnis unter Bedingungen und Auflagen ersetzen, insbesondere eine Sicherheitsleistung anordnen sowie Art und Umfang der Sicherheit bestimmen. Ist die Veranlassung für die Sicherheitsleistung

21

weggefallen, so entscheidet auf Antrag das Landwirtschaftsgericht über die Rückgabe der Sicherheit; § 109 der Zivilprozessordnung gilt entsprechend.

(3) Hat der Pächter das nach § 582a zum Schätzwert übernommene Inventar im Zusammenhang mit einer Änderung der Nutzung der Pachtsache wesentlich vermindert, so kann der Verpächter schon während der Pachtzeit einen Geldausgleich in entsprechender Anwendung des § 582a Abs. 3 verlangen, es sei denn, dass der Erlös der veräußerten Inventarstücke zu einer zur Höhe des Erlöses in angemessenem Verhältnis stehenden Verbesserung der Pachtsache nach § 591 verwendet worden ist.

-

§ 590a Vertragswidriger Gebrauch

Macht der Pächter von der Pachtsache einen vertragswidrigen Gebrauch und setzt er den Gebrauch ungeachtet einer Abmahnung des Verpächters fort, so kann der Verpächter auf Unterlassung klagen.

-

§ 590b Notwendige Verwendungen

Der Verpächter ist verpflichtet, dem Pächter die notwendigen Verwendungen auf die Pachtsache zu ersetzen.

-

§ 591 Wertverbessernde Verwendungen

(1) Andere als notwendige Verwendungen, denen der Verpächter zugestimmt hat, hat er dem Pächter bei Beendigung des Pachtverhältnisses zu ersetzen, soweit die Verwendungen den Wert der Pachtsache über die Pachtzeit hinaus erhöhen (Mehrwert).

(2) Weigert sich der Verpächter, den Verwendungen zuzustimmen, so kann die Zustimmung auf Antrag des Pächters durch das Landwirtschaftsgericht ersetzt werden, soweit die Verwendungen zur Erhaltung oder nachhaltigen Verbesserung der Rentabilität des Betriebs geeignet sind und dem Verpächter bei Berücksichtigung seiner berechtigten Interessen zugemutet werden können. Dies gilt nicht, wenn der Pachtvertrag gekündigt ist oder das Pachtverhältnis in

weniger als drei Jahren endet. Das Landwirtschaftsgericht kann die Zustimmung unter Bedingungen und Auflagen ersetzen.

(3) Das Landwirtschaftsgericht kann auf Antrag auch über den Mehrwert Bestimmungen treffen und ihn festsetzen. Es kann bestimmen, dass der Verpächter den Mehrwert nur in Teilbeträgen zu ersetzen hat, und kann Bedingungen für die Bewilligung solcher Teilzahlungen festsetzen. Ist dem Verpächter ein Ersatz des Mehrwerts bei Beendigung des Pachtverhältnisses auch in Teilbeträgen nicht zuzumuten, so kann der Pächter nur verlangen, dass das Pachtverhältnis zu den bisherigen Bedingungen so lange fortgesetzt wird, bis der Mehrwert der Pachtsache abgegolten ist. Kommt keine Einigung zustande, so entscheidet auf Antrag das Landwirtschaftsgericht über eine Fortsetzung des Pachtverhältnisses.

-

§ 591a Wegnahme von Einrichtungen

Der Pächter ist berechtigt, eine Einrichtung, mit der er die Sache versehen hat, wegzunehmen. Der Verpächter kann die Ausübung des Wegnahmerechts durch Zahlung einer angemessenen Entschädigung abwenden, es sei denn, dass der Pächter ein berechtigtes Interesse an der Wegnahme hat. Eine Vereinbarung, durch die das Wegnahmerecht des Pächters ausgeschlossen wird, ist nur wirksam, wenn ein angemessener Ausgleich vorgesehen ist.

-

§ 591b Verjährung von Ersatzansprüchen

(1) Die Ersatzansprüche des Verpächters wegen Veränderung oder Verschlechterung der verpachteten Sache sowie die Ansprüche des Pächters auf Ersatz von Verwendungen oder auf Gestattung der Wegnahme einer Einrichtung verjähren in sechs Monaten.

(2) Die Verjährung der Ersatzansprüche des Verpächters beginnt mit dem Zeitpunkt, in welchem er die Sache zurückerhält. Die Verjährung der Ansprüche des Pächters beginnt mit der Beendigung des Pachtverhältnisses.

(3) Mit der Verjährung des Anspruchs des Verpächters auf Rückgabe der Sache verjähren auch die Ersatzansprüche des Verpächters.

-

§ 592 Verpächterpfandrecht

Der Verpächter hat für seine Forderungen aus dem Pachtverhältnis ein Pfandrecht an den eingebrachten Sachen des Pächters sowie an den Früchten der Pachtsache. Für künftige Entschädigungsforderungen kann das Pfandrecht nicht geltend gemacht werden. Mit Ausnahme der in § 811 Abs. 1 Nr. 4 der Zivilprozessordnung genannten Sachen erstreckt sich das Pfandrecht nicht auf Sachen, die der Pfändung nicht unterworfen sind. Die Vorschriften der §§ 562a bis 562c gelten entsprechend.

§ 593 Änderung von Landpachtverträgen

(1) Haben sich nach Abschluss des Pachtvertrags die Verhältnisse, die für die Festsetzung der Vertragsleistungen maßgebend waren, nachhaltig so geändert, dass die gegenseitigen Verpflichtungen in ein grobes Missverhältnis zueinander geraten sind, so kann jeder Vertragsteil eine Änderung des Vertrags mit Ausnahme der Pachtdauer verlangen. Verbessert oder verschlechtert sich infolge der Bewirtschaftung der Pachtsache durch den Pächter deren Ertrag, so kann, soweit nichts anderes vereinbart ist, eine Änderung der Pacht nicht verlangt werden.
(2) Eine Änderung kann frühestens zwei Jahre nach Beginn des Pachtverhältnisses oder nach dem Wirksamwerden der letzten Änderung der Vertragsleistungen verlangt werden. Dies gilt nicht, wenn verwüstende Naturereignisse, gegen die ein Versicherungsschutz nicht üblich ist, das Verhältnis der Vertragsleistungen grundlegend und nachhaltig verändert haben.
(3) Die Änderung kann nicht für eine frühere Zeit als für das Pachtjahr verlangt werden, in dem das Änderungsverlangen erklärt wird.
(4) Weigert sich ein Vertragsteil, in eine Änderung des Vertrags einzuwilligen, so kann der andere Teil die Entscheidung des Landwirtschaftsgerichts beantragen.
(5) Auf das Recht, eine Änderung des Vertrags nach den Absätzen 1 bis 4 zu verlangen, kann nicht verzichtet werden. Eine Vereinbarung, dass einem Vertragsteil besondere Nachteile oder Vorteile erwachsen sollen, wenn er die Rechte nach den Absätzen 1 bis 4 ausübt oder nicht ausübt, ist unwirksam.

§ 593a Betriebsübergabe

Wird bei der Übergabe eines Betriebs im Wege der vorweggenommenen Erbfolge ein zugepachtetes Grundstück, das der Landwirtschaft dient, mit übergeben, so tritt der Übernehmer anstelle des Pächters in den Pachtvertrag ein. Der Verpächter ist von der Betriebsübergabe jedoch unverzüglich zu benachrichtigen. Ist die ordnungsmäßige Bewirtschaftung der Pachtsache durch den Übernehmer nicht gewährleistet, so ist der Verpächter berechtigt, das Pachtverhältnis außerordentlich mit der gesetzlichen Frist zu kündigen.

§ 593b Veräußerung oder Belastung des verpachteten Grundstücks

Wird das verpachtete Grundstück veräußert oder mit dem Recht eines Dritten belastet, so gelten die §§ 566 bis 567b entsprechend.

§ 594 Ende und Verlängerung des Pachtverhältnisses

Das Pachtverhältnis endet mit dem Ablauf der Zeit, für die es eingegangen ist. Es verlängert sich bei Pachtverträgen, die auf mindestens drei Jahre geschlossen worden sind, auf unbestimmte Zeit, wenn auf die Anfrage eines Vertragsteils, ob der andere Teil zur Fortsetzung des Pachtverhältnisses bereit ist, dieser nicht binnen einer Frist von drei Monaten die Fortsetzung ablehnt. Die Anfrage und die Ablehnung bedürfen der schriftlichen Form. Die Anfrage ist ohne Wirkung, wenn in ihr nicht auf die Folge der Nichtbeachtung ausdrücklich hingewiesen wird und wenn sie nicht innerhalb des drittletzten Pachtjahrs gestellt wird.

§ 594a Kündigungsfristen

(1) Ist die Pachtzeit nicht bestimmt, so kann jeder Vertragsteil das Pachtverhältnis spätestens am dritten Werktag eines Pachtjahrs für den Schluss des nächsten Pachtjahrs kündigen. Im Zweifel gilt das

Kalenderjahr als Pachtjahr. Die Vereinbarung einer kürzeren Frist bedarf der Schriftform.
(2) Für die Fälle, in denen das Pachtverhältnis außerordentlich mit der gesetzlichen Frist vorzeitig gekündigt werden kann, ist die Kündigung nur für den Schluss eines Pachtjahrs zulässig; sie hat spätestens am dritten Werktag des halben Jahres zu erfolgen, mit dessen Ablauf die Pacht enden soll.

-

§ 594b Vertrag über mehr als 30 Jahre

Wird ein Pachtvertrag für eine längere Zeit als 30 Jahre geschlossen, so kann nach 30 Jahren jeder Vertragsteil das Pachtverhältnis spätestens am dritten Werktag eines Pachtjahrs für den Schluss des nächsten Pachtjahrs kündigen. Die Kündigung ist nicht zulässig, wenn der Vertrag für die Lebenszeit des Verpächters oder des Pächters geschlossen ist.

-

§ 594c Kündigung bei Berufsunfähigkeit des Pächters

Ist der Pächter berufsunfähig im Sinne der Vorschriften der gesetzlichen Rentenversicherung geworden, so kann er das Pachtverhältnis außerordentlich mit der gesetzlichen Frist kündigen, wenn der Verpächter der Überlassung der Pachtsache zur Nutzung an einen Dritten, der eine ordnungsmäßige Bewirtschaftung gewährleistet, widerspricht. Eine abweichende Vereinbarung ist unwirksam.

-

§ 594d Tod des Pächters

(1) Stirbt der Pächter, so sind sowohl seine Erben als auch der Verpächter innerhalb eines Monats, nachdem sie vom Tod des Pächters Kenntnis erlangt haben, berechtigt, das Pachtverhältnis mit einer Frist von sechs Monaten zum Ende eines Kalendervierteljahrs zu kündigen.
(2) Die Erben können der Kündigung des Verpächters widersprechen und die Fortsetzung des Pachtverhältnisses verlangen, wenn die ordnungsmäßige Bewirtschaftung der Pachtsache durch sie oder durch

einen von ihnen beauftragten Miterben oder Dritten gewährleistet erscheint. Der Verpächter kann die Fortsetzung des Pachtverhältnisses ablehnen, wenn die Erben den Widerspruch nicht spätestens drei Monate vor Ablauf des Pachtverhältnisses erklärt und die Umstände mitgeteilt haben, nach denen die weitere ordnungsmäßige Bewirtschaftung der Pachtsache gewährleistet erscheint. Die Widerspruchserklärung und die Mitteilung bedürfen der schriftlichen Form. Kommt keine Einigung zustande, so entscheidet auf Antrag das Landwirtschaftsgericht.

(3) Gegenüber einer Kündigung des Verpächters nach Absatz 1 ist ein Fortsetzungsverlangen des Erben nach § 595 ausgeschlossen.

-

§ 594e Außerordentliche fristlose Kündigung aus wichtigem Grund

(1) Die außerordentliche fristlose Kündigung des Pachtverhältnisses ist in entsprechender Anwendung der §§ 543, 569 Abs. 1 und 2 zulässig.

(2) Abweichend von § 543 Abs. 2 Nr. 3 Buchstabe a und b liegt ein wichtiger Grund insbesondere vor, wenn der Pächter mit der Entrichtung der Pacht oder eines nicht unerheblichen Teils der Pacht länger als drei Monate in Verzug ist. Ist die Pacht nach Zeitabschnitten von weniger als einem Jahr bemessen, so ist die Kündigung erst zulässig, wenn der Pächter für zwei aufeinander folgende Termine mit der Entrichtung der Pacht oder eines nicht unerheblichen Teils der Pacht in Verzug ist.

-

§ 594f Schriftform der Kündigung

Die Kündigung bedarf der schriftlichen Form.

-

§ 595 Fortsetzung des Pachtverhältnisses

(1) Der Pächter kann vom Verpächter die Fortsetzung des Pachtverhältnisses verlangen, wenn

1.
    bei einem Betriebspachtverhältnis der Betrieb seine wirtschaftliche

Lebensgrundlage bildet,

2.

bei dem Pachtverhältnis über ein Grundstück der Pächter auf dieses Grundstück zur Aufrechterhaltung seines Betriebs, der seine wirtschaftliche Lebensgrundlage bildet, angewiesen ist

und die vertragsmäßige Beendigung des Pachtverhältnisses für den Pächter oder seine Familie eine Härte bedeuten würde, die auch unter Würdigung der berechtigten Interessen des Verpächters nicht zu rechtfertigen ist. Die Fortsetzung kann unter diesen Voraussetzungen wiederholt verlangt werden.

(2) Im Falle des Absatzes 1 kann der Pächter verlangen, dass das Pachtverhältnis so lange fortgesetzt wird, wie dies unter Berücksichtigung aller Umstände angemessen ist. Ist dem Verpächter nicht zuzumuten, das Pachtverhältnis nach den bisher geltenden Vertragsbedingungen fortzusetzen, so kann der Pächter nur verlangen, dass es unter einer angemessenen Änderung der Bedingungen fortgesetzt wird.

(3) Der Pächter kann die Fortsetzung des Pachtverhältnisses nicht verlangen, wenn

1.

er das Pachtverhältnis gekündigt hat,

2.

der Verpächter zur außerordentlichen fristlosen Kündigung oder im Falle des § 593a zur außerordentlichen Kündigung mit der gesetzlichen Frist berechtigt ist,

3.

die Laufzeit des Vertrags bei einem Pachtverhältnis über einen Betrieb, der Zupachtung von Grundstücken, durch die ein Betrieb entsteht, oder bei einem Pachtverhältnis über Moor- und Ödland, das vom Pächter kultiviert worden ist, auf mindestens 18 Jahre, bei der Pacht anderer Grundstücke auf mindestens zwölf Jahre vereinbart ist,

4.

der Verpächter die nur vorübergehend verpachtete Sache in eigene Nutzung nehmen oder zur Erfüllung gesetzlicher oder sonstiger öffentlicher Aufgaben verwenden will.

(4) Die Erklärung des Pächters, mit der er die Fortsetzung des Pachtverhältnisses verlangt, bedarf der schriftlichen Form. Auf

Verlangen des Verpächters soll der Pächter über die Gründe des Fortsetzungsverlangens unverzüglich Auskunft erteilen.

(5) Der Verpächter kann die Fortsetzung des Pachtverhältnisses ablehnen, wenn der Pächter die Fortsetzung nicht mindestens ein Jahr vor Beendigung des Pachtverhältnisses vom Verpächter verlangt oder auf eine Anfrage des Verpächters nach § 594 die Fortsetzung abgelehnt hat. Ist eine zwölfmonatige oder kürzere Kündigungsfrist vereinbart, so genügt es, wenn das Verlangen innerhalb eines Monats nach Zugang der Kündigung erklärt wird.

(6) Kommt keine Einigung zustande, so entscheidet auf Antrag das Landwirtschaftsgericht über eine Fortsetzung und über die Dauer des Pachtverhältnisses sowie über die Bedingungen, zu denen es fortgesetzt wird. Das Gericht kann die Fortsetzung des Pachtverhältnisses jedoch nur bis zu einem Zeitpunkt anordnen, der die in Absatz 3 Nr. 3 genannten Fristen, ausgehend vom Beginn des laufenden Pachtverhältnisses, nicht übersteigt. Die Fortsetzung kann auch auf einen Teil der Pachtsache beschränkt werden.

(7) Der Pächter hat den Antrag auf gerichtliche Entscheidung spätestens neun Monate vor Beendigung des Pachtverhältnisses und im Falle einer zwölfmonatigen oder kürzeren Kündigungsfrist zwei Monate nach Zugang der Kündigung bei dem Landwirtschaftsgericht zu stellen. Das Gericht kann den Antrag nachträglich zulassen, wenn es zur Vermeidung einer unbilligen Härte geboten erscheint und der Pachtvertrag noch nicht abgelaufen ist.

(8) Auf das Recht, die Verlängerung eines Pachtverhältnisses nach den Absätzen 1 bis 7 zu verlangen, kann nur verzichtet werden, wenn der Verzicht zur Beilegung eines Pachtstreits vor Gericht oder vor einer berufsständischen Pachtschlichtungsstelle erklärt wird. Eine Vereinbarung, dass einem Vertragsteil besondere Nachteile oder besondere Vorteile erwachsen sollen, wenn er die Rechte nach den Absätzen 1 bis 7 ausübt oder nicht ausübt, ist unwirksam.

-

§ 595a Vorzeitige Kündigung von Landpachtverträgen

(1) Soweit die Vertragsteile zur außerordentlichen Kündigung eines Landpachtverhältnisses mit der gesetzlichen Frist berechtigt sind, steht ihnen dieses Recht auch nach Verlängerung des Landpachtverhältnisses oder Änderung des Landpachtvertrags zu.

(2) Auf Antrag eines Vertragsteils kann das Landwirtschaftsgericht Anordnungen über die Abwicklung eines vorzeitig beendeten oder eines teilweise beendeten Landpachtvertrags treffen. Wird die Verlängerung eines Landpachtvertrags auf einen Teil der Pachtsache beschränkt, kann das Landwirtschaftsgericht die Pacht für diesen Teil festsetzen.

(3) Der Inhalt von Anordnungen des Landwirtschaftsgerichts gilt unter den Vertragsteilen als Vertragsinhalt. Über Streitigkeiten, die diesen Vertragsinhalt betreffen, entscheidet auf Antrag das Landwirtschaftsgericht.

§ 596 Rückgabe der Pachtsache

(1) Der Pächter ist verpflichtet, die Pachtsache nach Beendigung des Pachtverhältnisses in dem Zustand zurückzugeben, der einer bis zur Rückgabe fortgesetzten ordnungsmäßigen Bewirtschaftung entspricht.

(2) Dem Pächter steht wegen seiner Ansprüche gegen den Verpächter ein Zurückbehaltungsrecht am Grundstück nicht zu.

(3) Hat der Pächter die Nutzung der Pachtsache einem Dritten überlassen, so kann der Verpächter die Sache nach Beendigung des Pachtverhältnisses auch von dem Dritten zurückfordern.

§ 596a Ersatzpflicht bei vorzeitigem Pachtende

(1) Endet das Pachtverhältnis im Laufe eines Pachtjahrs, so hat der Verpächter dem Pächter den Wert der noch nicht getrennten, jedoch nach den Regeln einer ordnungsmäßigen Bewirtschaftung vor dem Ende des Pachtjahrs zu trennenden Früchte zu ersetzen. Dabei ist das Ernterisiko angemessen zu berücksichtigen.

(2) Lässt sich der in Absatz 1 bezeichnete Wert aus jahreszeitlich bedingten Gründen nicht feststellen, so hat der Verpächter dem Pächter die Aufwendungen auf diese Früchte insoweit zu ersetzen, als sie einer ordnungsmäßigen Bewirtschaftung entsprechen.

(3) Absatz 1 gilt auch für das zum Einschlag vorgesehene, aber noch nicht eingeschlagene Holz. Hat der Pächter mehr Holz eingeschlagen, als bei ordnungsmäßiger Nutzung zulässig war, so hat er dem Verpächter den Wert der die normale Nutzung übersteigenden

Holzmenge zu ersetzen. Die Geltendmachung eines weiteren Schadens ist nicht ausgeschlossen.

-

§ 596b Rücklassungspflicht

(1) Der Pächter eines Betriebs hat von den bei Beendigung des Pachtverhältnisses vorhandenen landwirtschaftlichen Erzeugnissen so viel zurückzulassen, wie zur Fortführung der Wirtschaft bis zur nächsten Ernte nötig ist, auch wenn er bei Beginn des Pachtverhältnisses solche Erzeugnisse nicht übernommen hat.
(2) Soweit der Pächter nach Absatz 1 Erzeugnisse in größerer Menge oder besserer Beschaffenheit zurückzulassen verpflichtet ist, als er bei Beginn des Pachtverhältnisses übernommen hat, kann er vom Verpächter Ersatz des Wertes verlangen.

-

§ 597 Verspätete Rückgabe

Gibt der Pächter die Pachtsache nach Beendigung des Pachtverhältnisses nicht zurück, so kann der Verpächter für die Dauer der Vorenthaltung als Entschädigung die vereinbarte Pacht verlangen. Die Geltendmachung eines weiteren Schadens ist nicht ausgeschlossen.

Vereine

Kapitel 1
Allgemeine Vorschriften

-

§ 21 Nicht wirtschaftlicher Verein

Ein Verein, dessen Zweck nicht auf einen wirtschaftlichen Geschäftsbetrieb gerichtet ist, erlangt Rechtsfähigkeit durch

Eintragung in das Vereinsregister des zuständigen Amtsgerichts.

-

§ 22 Wirtschaftlicher Verein

Ein Verein, dessen Zweck auf einen wirtschaftlichen Geschäftsbetrieb gerichtet ist, erlangt in Ermangelung besonderer bundesgesetzlicher Vorschriften Rechtsfähigkeit durch staatliche Verleihung. Die Verleihung steht dem Land zu, in dessen Gebiet der Verein seinen Sitz hat.

-

§ 23 (weggefallen)

-

-

§ 24 Sitz

Als Sitz eines Vereins gilt, wenn nicht ein anderes bestimmt ist, der Ort, an welchem die Verwaltung geführt wird.

-

§ 25 Verfassung

Die Verfassung eines rechtsfähigen Vereins wird, soweit sie nicht auf den nachfolgenden Vorschriften beruht, durch die Vereinssatzung bestimmt.

-

§ 26 Vorstand und Vertretung

(1) Der Verein muss einen Vorstand haben. Der Vorstand vertritt den Verein gerichtlich und außergerichtlich; er hat die Stellung eines gesetzlichen Vertreters. Der Umfang der Vertretungsmacht kann durch die Satzung mit Wirkung gegen Dritte beschränkt werden.
(2) Besteht der Vorstand aus mehreren Personen, so wird der Verein durch die Mehrheit der Vorstandsmitglieder vertreten. Ist eine Willenserklärung gegenüber einem Verein abzugeben, so genügt die

Abgabe gegenüber einem Mitglied des Vorstands.

-

§ 27 Bestellung und Geschäftsführung des Vorstands

(1) Die Bestellung des Vorstands erfolgt durch Beschluss der Mitgliederversammlung.
(2) Die Bestellung ist jederzeit widerruflich, unbeschadet des Anspruchs auf die vertragsmäßige Vergütung. Die Widerruflichkeit kann durch die Satzung auf den Fall beschränkt werden, dass ein wichtiger Grund für den Widerruf vorliegt; ein solcher Grund ist insbesondere grobe Pflichtverletzung oder Unfähigkeit zur ordnungsmäßigen Geschäftsführung.
(3) Auf die Geschäftsführung des Vorstands finden die für den Auftrag geltenden Vorschriften der §§ 664 bis 670 entsprechende Anwendung. Die Mitglieder des Vorstands sind unentgeltlich tätig.

-

§ 28 Beschlussfassung des Vorstands

Bei einem Vorstand, der aus mehreren Personen besteht, erfolgt die Beschlussfassung nach den für die Beschlüsse der Mitglieder des Vereins geltenden Vorschriften der §§ 32 und 34.

-

§ 29 Notbestellung durch Amtsgericht

Soweit die erforderlichen Mitglieder des Vorstands fehlen, sind sie in dringenden Fällen für die Zeit bis zur Behebung des Mangels auf Antrag eines Beteiligten von dem Amtsgericht zu bestellen, das für den Bezirk, in dem der Verein seinen Sitz hat, das Vereinsregister führt.

-

§ 30 Besondere Vertreter

Durch die Satzung kann bestimmt werden, dass neben dem Vorstand für gewisse Geschäfte besondere Vertreter zu bestellen sind. Die Vertretungsmacht eines solchen Vertreters erstreckt sich im Zweifel auf alle Rechtsgeschäfte, die der ihm zugewiesene Geschäftskreis gewöhnlich mit sich bringt.

-

§ 31 Haftung des Vereins für Organe

Der Verein ist für den Schaden verantwortlich, den der Vorstand, ein Mitglied des Vorstands oder ein anderer verfassungsmäßig berufener Vertreter durch eine in Ausführung der ihm zustehenden Verrichtungen begangene, zum Schadensersatz verpflichtende Handlung einem Dritten zufügt.

-

§ 31a Haftung von Organmitgliedern und besonderen Vertretern

(1) Sind Organmitglieder oder besondere Vertreter unentgeltlich tätig oder erhalten sie für ihre Tätigkeit eine Vergütung, die 720 Euro jährlich nicht übersteigt, haften sie dem Verein für einen bei der Wahrnehmung ihrer Pflichten verursachten Schaden nur bei Vorliegen von Vorsatz oder grober Fahrlässigkeit. Satz 1 gilt auch für die Haftung gegenüber den Mitgliedern des Vereins. Ist streitig, ob ein Organmitglied oder ein besonderer Vertreter einen Schaden vorsätzlich oder grob fahrlässig verursacht hat, trägt der Verein oder das Vereinsmitglied die Beweislast.
(2) Sind Organmitglieder oder besondere Vertreter nach Absatz 1 Satz 1 einem anderen zum Ersatz eines Schadens verpflichtet, den sie bei der Wahrnehmung ihrer Pflichten verursacht haben, so können sie von dem Verein die Befreiung von der Verbindlichkeit verlangen. Satz 1 gilt nicht, wenn der Schaden vorsätzlich oder grob fahrlässig verursacht wurde.

-

§ 31b Haftung von Vereinsmitgliedern

(1) Sind Vereinsmitglieder unentgeltlich für den Verein tätig oder erhalten sie für ihre Tätigkeit eine Vergütung, die 720 Euro jährlich nicht übersteigt, haften sie dem Verein für einen Schaden, den sie bei der Wahrnehmung der ihnen übertragenen satzungsgemäßen Vereinsaufgaben verursachen, nur bei Vorliegen von Vorsatz oder grober Fahrlässigkeit. § 31a Absatz 1 Satz 3 ist entsprechend

anzuwenden.

(2) Sind Vereinsmitglieder nach Absatz 1 Satz 1 einem anderen zum Ersatz eines Schadens verpflichtet, den sie bei der Wahrnehmung der ihnen übertragenen satzungsgemäßen Vereinsaufgaben verursacht haben, so können sie von dem Verein die Befreiung von der Verbindlichkeit verlangen. Satz 1 gilt nicht, wenn die Vereinsmitglieder den Schaden vorsätzlich oder grob fahrlässig verursacht haben.

-

§ 32 Mitgliederversammlung; Beschlussfassung

(1) Die Angelegenheiten des Vereins werden, soweit sie nicht von dem Vorstand oder einem anderen Vereinsorgan zu besorgen sind, durch Beschlussfassung in einer Versammlung der Mitglieder geordnet. Zur Gültigkeit des Beschlusses ist erforderlich, dass der Gegenstand bei der Berufung bezeichnet wird. Bei der Beschlussfassung entscheidet die Mehrheit der abgegebenen Stimmen.

(2) Auch ohne Versammlung der Mitglieder ist ein Beschluss gültig, wenn alle Mitglieder ihre Zustimmung zu dem Beschluss schriftlich erklären.

-

§ 33 Satzungsänderung

(1) Zu einem Beschluss, der eine Änderung der Satzung enthält, ist eine Mehrheit von drei Vierteln der abgegebenen Stimmen erforderlich. Zur Änderung des Zweckes des Vereins ist die Zustimmung aller Mitglieder erforderlich; die Zustimmung der nicht erschienenen Mitglieder muss schriftlich erfolgen.

(2) Beruht die Rechtsfähigkeit des Vereins auf Verleihung, so ist zu jeder Änderung der Satzung die Genehmigung der zuständigen Behörde erforderlich.

-

§ 34 Ausschluss vom Stimmrecht

Ein Mitglied ist nicht stimmberechtigt, wenn die Beschlussfassung die Vornahme eines Rechtsgeschäfts mit ihm oder die Einleitung oder Erledigung eines Rechtsstreits zwischen ihm und dem Verein betrifft.

§ 35 Sonderrechte

Sonderrechte eines Mitglieds können nicht ohne dessen Zustimmung durch Beschluss der Mitgliederversammlung beeinträchtigt werden.

§ 36 Berufung der Mitgliederversammlung

Die Mitgliederversammlung ist in den durch die Satzung bestimmten Fällen sowie dann zu berufen, wenn das Interesse des Vereins es erfordert.

§ 37 Berufung auf Verlangen einer Minderheit

(1) Die Mitgliederversammlung ist zu berufen, wenn der durch die Satzung bestimmte Teil oder in Ermangelung einer Bestimmung der zehnte Teil der Mitglieder die Berufung schriftlich unter Angabe des Zweckes und der Gründe verlangt.
(2) Wird dem Verlangen nicht entsprochen, so kann das Amtsgericht die Mitglieder, die das Verlangen gestellt haben, zur Berufung der Versammlung ermächtigen; es kann Anordnungen über die Führung des Vorsitzes in der Versammlung treffen. Zuständig ist das Amtsgericht, das für den Bezirk, in dem der Verein seinen Sitz hat, das Vereinsregister führt. Auf die Ermächtigung muss bei der Berufung der Versammlung Bezug genommen werden.

§ 38 Mitgliedschaft

Die Mitgliedschaft ist nicht übertragbar und nicht vererblich. Die Ausübung der Mitgliedschaftsrechte kann nicht einem anderen überlassen werden.

§ 39 Austritt aus dem Verein

(1) Die Mitglieder sind zum Austritt aus dem Verein berechtigt.
(2) Durch die Satzung kann bestimmt werden, dass der Austritt nur am Schluss eines Geschäftsjahrs oder erst nach dem Ablauf einer Kündigungsfrist zulässig ist; die Kündigungsfrist kann höchstens zwei Jahre betragen.

-

§ 40 Nachgiebige Vorschriften

Die Vorschriften des § 26 Absatz 2 Satz 1, des § 27 Absatz 1 und 3, , der §§ 28, 31a Abs. 1 Satz 2 sowie der §§ 32, 33 und 38 finden insoweit keine Anwendung als die Satzung ein anderes bestimmt. Von § 34 kann auch für die Beschlussfassung des Vorstands durch die Satzung nicht abgewichen werden.

-

§ 41 Auflösung des Vereins

Der Verein kann durch Beschluss der Mitgliederversammlung aufgelöst werden. Zu dem Beschluss ist eine Mehrheit von drei Vierteln der abgegebenen Stimmen erforderlich, wenn nicht die Satzung ein anderes bestimmt.

-

§ 42 Insolvenz

(1) Der Verein wird durch die Eröffnung des Insolvenzverfahrens und mit Rechtskraft des Beschlusses, durch den die Eröffnung des Insolvenzverfahrens mangels Masse abgewiesen worden ist, aufgelöst. Wird das Verfahren auf Antrag des Schuldners eingestellt oder nach der Bestätigung eines Insolvenzplans, der den Fortbestand des Vereins vorsieht, aufgehoben, so kann die Mitgliederversammlung die Fortsetzung des Vereins beschließen. Durch die Satzung kann bestimmt werden, dass der Verein im Falle der Eröffnung des Insolvenzverfahrens als nicht rechtsfähiger Verein fortbesteht; auch in diesem Falle kann unter den Voraussetzungen des Satzes 2 die Fortsetzung als rechtsfähiger Verein beschlossen werden.

(2) Der Vorstand hat im Falle der Zahlungsunfähigkeit oder der Überschuldung die Eröffnung des Insolvenzverfahrens zu beantragen. Wird die Stellung des Antrags verzögert, so sind die Vorstandsmitglieder, denen ein Verschulden zur Last fällt, den Gläubigern für den daraus entstehenden Schaden verantwortlich; sie haften als Gesamtschuldner.

-

§ 43 Entziehung der Rechtsfähigkeit

Einem Verein, dessen Rechtsfähigkeit auf Verleihung beruht, kann die Rechtsfähigkeit entzogen werden, wenn er einen anderen als den in der Satzung bestimmten Zweck verfolgt.

-

§ 44 Zuständigkeit und Verfahren

Die Zuständigkeit und das Verfahren für die Entziehung der Rechtsfähigkeit nach § 43 bestimmen sich nach dem Recht des Landes, in dem der Verein seinen Sitz hat.

-

§ 45 Anfall des Vereinsvermögens

(1) Mit der Auflösung des Vereins oder der Entziehung der Rechtsfähigkeit fällt das Vermögen an die in der Satzung bestimmten Personen.
(2) Durch die Satzung kann vorgeschrieben werden, dass die Anfallberechtigten durch Beschluss der Mitgliederversammlung oder eines anderen Vereinsorgans bestimmt werden. Ist der Zweck des Vereins nicht auf einen wirtschaftlichen Geschäftsbetrieb gerichtet, so kann die Mitgliederversammlung auch ohne eine solche Vorschrift das Vermögen einer öffentlichen Stiftung oder Anstalt zuweisen.
(3) Fehlt es an einer Bestimmung der Anfallberechtigten, so fällt das Vermögen, wenn der Verein nach der Satzung ausschließlich den Interessen seiner Mitglieder diente, an die zur Zeit der Auflösung oder der Entziehung der Rechtsfähigkeit vorhandenen Mitglieder zu gleichen Teilen, anderenfalls an den Fiskus des Landes, in dessen Gebiet der Verein seinen Sitz hatte.

§ 46 Anfall an den Fiskus

Fällt das Vereinsvermögen an den Fiskus, so finden die Vorschriften über eine dem Fiskus als gesetzlichem Erben anfallende Erbschaft entsprechende Anwendung. Der Fiskus hat das Vermögen tunlichst in einer den Zwecken des Vereins entsprechenden Weise zu verwenden.

§ 47 Liquidation

Fällt das Vereinsvermögen nicht an den Fiskus, so muss eine Liquidation stattfinden, sofern nicht über das Vermögen des Vereins das Insolvenzverfahren eröffnet ist.

§ 48 Liquidatoren

(1) Die Liquidation erfolgt durch den Vorstand. Zu Liquidatoren können auch andere Personen bestellt werden; für die Bestellung sind die für die Bestellung des Vorstands geltenden Vorschriften maßgebend.
(2) Die Liquidatoren haben die rechtliche Stellung des Vorstands, soweit sich nicht aus dem Zwecke der Liquidation ein anderes ergibt.
(3) Sind mehrere Liquidatoren vorhanden, so sind sie nur gemeinschaftlich zur Vertretung befugt und können Beschlüsse nur einstimmig fassen, sofern nicht ein anderes bestimmt ist.

§ 49 Aufgaben der Liquidatoren

(1) Die Liquidatoren haben die laufenden Geschäfte zu beendigen, die Forderungen einzuziehen, das übrige Vermögen in Geld umzusetzen, die Gläubiger zu befriedigen und den Überschuss den Anfallberechtigten auszuantworten. Zur Beendigung schwebender Geschäfte können die Liquidatoren auch neue Geschäfte eingehen. Die Einziehung der Forderungen sowie die Umsetzung des übrigen Vermögens in Geld darf unterbleiben, soweit diese Maßregeln nicht zur Befriedigung der Gläubiger oder zur Verteilung des Überschusses

unter die Anfallberechtigten erforderlich sind.
(2) Der Verein gilt bis zur Beendigung der Liquidation als
fortbestehend, soweit der Zweck der Liquidation es erfordert.

-

§ 50 Bekanntmachung des Vereins in Liquidation

(1) Die Auflösung des Vereins oder die Entziehung der Rechtsfähigkeit
ist durch die Liquidatoren öffentlich bekannt zu machen. In der
Bekanntmachung sind die Gläubiger zur Anmeldung ihrer Ansprüche
aufzufordern. Die Bekanntmachung erfolgt durch das in der Satzung
für Veröffentlichungen bestimmte Blatt. Die Bekanntmachung gilt mit
dem Ablauf des zweiten Tages nach der Einrückung oder der ersten
Einrückung als bewirkt.
(2) Bekannte Gläubiger sind durch besondere Mitteilung zur
Anmeldung aufzufordern.

-

§ 50a Bekanntmachungsblatt

Hat ein Verein in der Satzung kein Blatt für Bekanntmachungen
bestimmt oder hat das bestimmte Bekanntmachungsblatt sein
Erscheinen eingestellt, sind Bekanntmachungen des Vereins in dem
Blatt zu veröffentlichen, welches für Bekanntmachungen des
Amtsgerichts bestimmt ist, in dessen Bezirk der Verein seinen Sitz hat.

-

§ 51 Sperrjahr

Das Vermögen darf den Anfallberechtigten nicht vor dem Ablauf eines
Jahres nach der Bekanntmachung der Auflösung des Vereins oder der
Entziehung der Rechtsfähigkeit ausgeantwortet werden.

-

§ 52 Sicherung für Gläubiger

(1) Meldet sich ein bekannter Gläubiger nicht, so ist der geschuldete
Betrag, wenn die Berechtigung zur Hinterlegung vorhanden ist, für den
Gläubiger zu hinterlegen.

(2) Ist die Berichtigung einer Verbindlichkeit zur Zeit nicht ausführbar oder ist eine Verbindlichkeit streitig, so darf das Vermögen den Anfallberechtigten nur ausgeantwortet werden, wenn dem Gläubiger Sicherheit geleistet ist.

-

§ 53 Schadensersatzpflicht der Liquidatoren

Liquidatoren, welche die ihnen nach dem § 42 Abs. 2 und den §§ 50, 51 und 52 obliegenden Verpflichtungen verletzen oder vor der Befriedigung der Gläubiger Vermögen den Anfallberechtigten ausantworten, sind, wenn ihnen ein Verschulden zur Last fällt, den Gläubigern für den daraus entstehenden Schaden verantwortlich; sie haften als Gesamtschuldner.

-

§ 54 Nicht rechtsfähige Vereine

Auf Vereine, die nicht rechtsfähig sind, finden die Vorschriften über die Gesellschaft Anwendung. Aus einem Rechtsgeschäft, das im Namen eines solchen Vereins einem Dritten gegenüber vorgenommen wird, haftet der Handelnde persönlich; handeln mehrere, so haften sie als Gesamtschuldner.

Kapitel 2
Eingetragene Vereine

-

§ 55 Zuständigkeit für die Registereintragung

Die Eintragung eines Vereins der in § 21 bezeichneten Art in das Vereinsregister hat bei dem Amtsgericht zu geschehen, in dessen Bezirk der Verein seinen Sitz hat.

-

§ 55a Elektronisches Vereinsregister

(1) Die Landesregierungen können durch Rechtsverordnung

bestimmen, dass und in welchem Umfang das Vereinsregister in maschineller Form als automatisierte Datei geführt wird. Hierbei muss gewährleistet sein, dass

1.

die Grundsätze einer ordnungsgemäßen Datenverarbeitung eingehalten, insbesondere Vorkehrungen gegen einen Datenverlust getroffen sowie die erforderlichen Kopien der Datenbestände mindestens tagesaktuell gehalten und die originären Datenbestände sowie deren Kopien sicher aufbewahrt werden,

2.

die vorzunehmenden Eintragungen alsbald in einen Datenspeicher aufgenommen und auf Dauer inhaltlich unverändert in lesbarer Form wiedergegeben werden können,

3.

die nach der Anlage zu § 126 Abs. 1 Satz 2 Nr. 3 der Grundbuchordnung gebotenen Maßnahmen getroffen werden.
Die Landesregierungen können durch Rechtsverordnung die Ermächtigung nach Satz 1 auf die Landesjustizverwaltungen übertragen.
(2) Das maschinell geführte Vereinsregister tritt für eine Seite des Registers an die Stelle des bisherigen Registers, sobald die Eintragungen dieser Seite in den für die Vereinsregistereintragungen bestimmten Datenspeicher aufgenommen und als Vereinsregister freigegeben worden sind. Die entsprechenden Seiten des bisherigen Vereinsregisters sind mit einem Schließungsvermerk zu versehen.
(3) Eine Eintragung wird wirksam, sobald sie in den für die Registereintragungen bestimmten Datenspeicher aufgenommen ist und auf Dauer inhaltlich unverändert in lesbarer Form wiedergegeben werden kann. Durch eine Bestätigungsanzeige oder in anderer geeigneter Weise ist zu überprüfen, ob diese Voraussetzungen eingetreten sind. Jede Eintragung soll den Tag angeben, an dem sie wirksam geworden ist.

-

§ 56 Mindestmitgliederzahl des Vereins

Die Eintragung soll nur erfolgen, wenn die Zahl der Mitglieder mindestens sieben beträgt.

-

§ 57 Mindesterfordernisse an die Vereinssatzung

(1) Die Satzung muss den Zweck, den Namen und den Sitz des Vereins enthalten und ergeben, dass der Verein eingetragen werden soll.
(2) Der Name soll sich von den Namen der an demselben Orte oder in derselben Gemeinde bestehenden eingetragenen Vereine deutlich unterscheiden.

-

§ 58 Sollinhalt der Vereinssatzung

Die Satzung soll Bestimmungen enthalten:

1.
   über den Eintritt und Austritt der Mitglieder,
2.
   darüber, ob und welche Beiträge von den Mitgliedern zu leisten sind,
3.
   über die Bildung des Vorstands,
4.
   über die Voraussetzungen, unter denen die Mitgliederversammlung zu berufen ist, über die Form der Berufung und über die Beurkundung der Beschlüsse.

-

§ 59 Anmeldung zur Eintragung

(1) Der Vorstand hat den Verein zur Eintragung anzumelden.
(2) Der Anmeldung sind Abschriften der Satzung und der Urkunden über die Bestellung des Vorstands beizufügen.
(3) Die Satzung soll von mindestens sieben Mitgliedern unterzeichnet sein und die Angabe des Tages der Errichtung enthalten.

§ 60 Zurückweisung der Anmeldung

Die Anmeldung ist, wenn den Erfordernissen der §§ 56 bis 59 nicht genügt ist, von dem Amtsgericht unter Angabe der Gründe zurückzuweisen.

§§ 61 bis 63 (weggefallen)

§ 64 Inhalt der Vereinsregistereintragung

Bei der Eintragung sind der Name und der Sitz des Vereins, der Tag der Errichtung der Satzung, die Mitglieder des Vorstands und ihre Vertretungsmacht anzugeben.

§ 65 Namenszusatz

Mit der Eintragung erhält der Name des Vereins den Zusatz "eingetragener Verein".

§ 66 Bekanntmachung der Eintragung und Aufbewahrung von Dokumenten

(1) Das Amtsgericht hat die Eintragung des Vereins in das Vereinsregister durch Veröffentlichung in dem von der Landesjustizverwaltung bestimmten elektronischen Informations- und Kommunikationssystem bekannt zu machen.
(2) Die mit der Anmeldung eingereichten Dokumente werden vom Amtsgericht aufbewahrt.

§ 67 Änderung des Vorstands

(1) Jede Änderung des Vorstands ist von dem Vorstand zur Eintragung anzumelden. Der Anmeldung ist eine Abschrift der Urkunde über die Änderung beizufügen.
(2) Die Eintragung gerichtlich bestellter Vorstandsmitglieder erfolgt von Amts wegen.

-

§ 68 Vertrauensschutz durch Vereinsregister

Wird zwischen den bisherigen Mitgliedern des Vorstands und einem Dritten ein Rechtsgeschäft vorgenommen, so kann die Änderung des Vorstands dem Dritten nur entgegengesetzt werden, wenn sie zur Zeit der Vornahme des Rechtsgeschäfts im Vereinsregister eingetragen oder dem Dritten bekannt ist. Ist die Änderung eingetragen, so braucht der Dritte sie nicht gegen sich gelten zu lassen, wenn er sie nicht kennt, seine Unkenntnis auch nicht auf Fahrlässigkeit beruht.

-

§ 69 Nachweis des Vereinsvorstands

Der Nachweis, dass der Vorstand aus den im Register eingetragenen Personen besteht, wird Behörden gegenüber durch ein Zeugnis des Amtsgerichts über die Eintragung geführt.

-

§ 70 Vertrauensschutz bei Eintragungen zur Vertretungsmacht

Die Vorschriften des § 68 gelten auch für Bestimmungen, die den Umfang der Vertretungsmacht des Vorstands beschränken oder die Vertretungsmacht des Vorstands abweichend von der Vorschrift des § 26 Absatz 2 Satz 1 regeln.

-

§ 71 Änderungen der Satzung

(1) Änderungen der Satzung bedürfen zu ihrer Wirksamkeit der Eintragung in das Vereinsregister. Die Änderung ist von dem Vorstand

zur Eintragung anzumelden. Der Anmeldung sind eine Abschrift des die Änderung enthaltenden Beschlusses und der Wortlaut der Satzung beizufügen. In dem Wortlaut der Satzung müssen die geänderten Bestimmungen mit dem Beschluss über die Satzungsänderung, die unveränderten Bestimmungen mit dem zuletzt eingereichten vollständigen Wortlaut der Satzung und, wenn die Satzung geändert worden ist, ohne dass ein vollständiger Wortlaut der Satzung eingereicht wurde, auch mit den zuvor eingetragenen Änderungen übereinstimmen.
(2) Die Vorschriften der §§ 60, 64 und des § 66 Abs. 2 finden entsprechende Anwendung.

-

§ 72 Bescheinigung der Mitgliederzahl

Der Vorstand hat dem Amtsgericht auf dessen Verlangen jederzeit eine schriftliche Bescheinigung über die Zahl der Vereinsmitglieder einzureichen.

-

§ 73 Unterschreiten der Mindestmitgliederzahl

Sinkt die Zahl der Vereinsmitglieder unter drei herab, so hat das Amtsgericht auf Antrag des Vorstands und, wenn der Antrag nicht binnen drei Monaten gestellt wird, von Amts wegen nach Anhörung des Vorstands dem Verein die Rechtsfähigkeit zu entziehen.

-

§ 74 Auflösung

(1) Die Auflösung des Vereins sowie die Entziehung der Rechtsfähigkeit ist in das Vereinsregister einzutragen.
(2) Wird der Verein durch Beschluss der Mitgliederversammlung oder durch den Ablauf der für die Dauer des Vereins bestimmten Zeit aufgelöst, so hat der Vorstand die Auflösung zur Eintragung anzumelden. Der Anmeldung ist im ersteren Falle eine Abschrift des Auflösungsbeschlusses beizufügen.
(3) (weggefallen)

-

§ 75 Eintragungen bei Insolvenz

(1) Die Eröffnung des Insolvenzverfahrens und der Beschluss, durch den die Eröffnung des Insolvenzverfahrens mangels Masse rechtskräftig abgewiesen worden ist, sowie die Auflösung des Vereins nach § 42 Absatz 2 Satz 1 sind von Amts wegen einzutragen. Von Amts wegen sind auch einzutragen

1.

die Aufhebung des Eröffnungsbeschlusses,

2.

die Bestellung eines vorläufigen Insolvenzverwalters, wenn zusätzlich dem Schuldner ein allgemeines Verfügungsverbot auferlegt oder angeordnet wird, dass Verfügungen des Schuldners nur mit Zustimmung des vorläufigen Insolvenzverwalters wirksam sind, und die Aufhebung einer derartigen Sicherungsmaßnahme,

3.

die Anordnung der Eigenverwaltung durch den Schuldner und deren Aufhebung sowie die Anordnung der Zustimmungsbedürftigkeit bestimmter Rechtsgeschäfte des Schuldners,

4.

die Einstellung und die Aufhebung des Verfahrens und

5.

die Überwachung der Erfüllung eines Insolvenzplans und die Aufhebung der Überwachung.

(2) Wird der Verein durch Beschluss der Mitgliederversammlung nach § 42 Absatz 1 Satz 2 fortgesetzt, so hat der Vorstand die Fortsetzung zur Eintragung anzumelden. Der Anmeldung ist eine Abschrift des Beschlusses beizufügen.

-

§ 76 Eintragungen bei Liquidation

(1) Bei der Liquidation des Vereins sind die Liquidatoren und ihre Vertretungsmacht in das Vereinsregister einzutragen. Das Gleiche gilt für die Beendigung des Vereins nach der Liquidation.
(2) Die Anmeldung der Liquidatoren hat durch den Vorstand zu erfolgen. Bei der Anmeldung ist der Umfang der Vertretungsmacht der Liquidatoren anzugeben. Änderungen der Liquidatoren oder ihrer

Vertretungsmacht sowie die Beendigung des Vereins sind von den Liquidatoren anzumelden. Der Anmeldung der durch Beschluss der Mitgliederversammlung bestellten Liquidatoren ist eine Abschrift des Bestellungsbeschlusses, der Anmeldung der Vertretungsmacht, die abweichend von § 48 Absatz 3 bestimmt wurde, ist eine Abschrift der diese Bestimmung enthaltenden Urkunde beizufügen.
(3) Die Eintragung gerichtlich bestellter Liquidatoren geschieht von Amts wegen.

-

§ 77 Anmeldepflichtige und Form der Anmeldungen

Die Anmeldungen zum Vereinsregister sind von Mitgliedern des Vorstands sowie von den Liquidatoren, die insoweit zur Vertretung des Vereins berechtigt sind, mittels öffentlich beglaubigter Erklärung abzugeben. Die Erklärung kann in Urschrift oder in öffentlich beglaubigter Abschrift beim Gericht eingereicht werden.

-

§ 78 Festsetzung von Zwangsgeld

(1) Das Amtsgericht kann die Mitglieder des Vorstands zur Befolgung der Vorschriften des § 67 Abs. 1, des § 71 Abs. 1, des § 72, des § 74 Abs. 2, des § 75 Absatz 2 und des § 76 durch Festsetzung von Zwangsgeld anhalten.
(2) In gleicher Weise können die Liquidatoren zur Befolgung der Vorschriften des § 76 angehalten werden.

-

§ 79 Einsicht in das Vereinsregister

(1) Die Einsicht des Vereinsregisters sowie der von dem Verein bei dem Amtsgericht eingereichten Dokumente ist jedem gestattet. Von den Eintragungen kann eine Abschrift verlangt werden; die Abschrift ist auf Verlangen zu beglaubigen. Wird das Vereinsregister maschinell geführt, tritt an die Stelle der Abschrift ein Ausdruck, an die der beglaubigten Abschrift ein amtlicher Ausdruck.
(2) Die Einrichtung eines automatisierten Verfahrens, das die Übermittlung von Daten aus maschinell geführten Vereinsregistern

durch Abruf ermöglicht, ist zulässig, wenn sichergestellt ist, dass

1.

   der Abruf von Daten die zulässige Einsicht nach Absatz 1 nicht
   überschreitet und

2.

   die Zulässigkeit der Abrufe auf der Grundlage einer
   Protokollierung kontrolliert werden kann.

Die Länder können für das Verfahren ein länderübergreifendes
elektronisches Informations- und Kommunikationssystem bestimmen.
(3) Der Nutzer ist darauf hinzuweisen, dass er die übermittelten Daten
nur zu Informationszwecken verwenden darf. Die zuständige Stelle hat
(z. B. durch Stichproben) zu prüfen, ob sich Anhaltspunkte dafür
ergeben, dass die nach Satz 1 zulässige Einsicht überschritten oder
übermittelte Daten missbraucht werden.
(4) Die zuständige Stelle kann einen Nutzer, der die Funktionsfähigkeit
der Abrufeinrichtung gefährdet, die nach Absatz 3 Satz 1 zulässige
Einsicht überschreitet oder übermittelte Daten missbraucht, von der
Teilnahme am automatisierten Abrufverfahren ausschließen; dasselbe
gilt bei drohender Überschreitung oder drohendem Missbrauch.
(5) Zuständige Stelle ist die Landesjustizverwaltung. Örtlich zuständig
ist die Landesjustizverwaltung, in deren Zuständigkeitsbereich das
betreffende Amtsgericht liegt. Die Zuständigkeit kann durch
Rechtsverordnung der Landesregierung abweichend geregelt werden.
Sie kann diese Ermächtigung durch Rechtsverordnung auf die
Landesjustizverwaltung übertragen. Die Länder können auch die
Übertragung der Zuständigkeit auf die zuständige Stelle eines anderen
Landes vereinbaren.

www.ingramcontent.com/pod-product-compliance
Lightning Source LLC
Chambersburg PA
CBHW071008180526
45168CB00003B/1342